P9-CRL-852

Le **Musée** du **Québec**

Œuvres choisies

Renseignements
généraux sur
les collections

Justification du tirage

Il a été tiré de cet ouvrage trois mille exemplaires sur papier Renaissance dont quatre cent quatre-vingt-dix numérotés de 11 à 500 et dix exemplaires hors commerce numérotés de I à X.

EX-LIBRIS

Le **Musée** du **Québec**

Oeuvres choisies

Renseignements
généraux sur
les collections

Ministère des Affaires culturelles
Musée du Québec

Québec

1978

ISBN-0-7754-3032-3
©Copyright 1978
Ministère des Affaires culturelles

Dépôt légal: 2e trimestre 1978
Bibliothèque nationale du Québec

Imprimé au Québec

Conception et réalisation graphiques
Ove Design

Photographie
Richard Robitaille

Impression
Pierre Des Marais inc.

Séparation des couleurs
Prolith inc.

Typographie
Typographie Compoplus inc.

Avant-propos

Depuis les origines de sa formation, le peuple québécois témoigne d'une intense vitalité artistique qui s'exprime tout autant dans le raffinement apporté à la conception de son environnement utilitaire que dans l'expression de son univers esthétique.

Né de la rencontre des peuples amérindiens d'Amérique du Nord avec l'une des grandes civilisations de l'Europe moderne, enrichi des peuplements nouveaux qui l'ont rejoint depuis, formé dans le creuset de ce continent auquel il a su s'adapter et qui exerce sur lui une véritable fascination, souvent situé au centre d'un courant d'influences extérieures dont il assimile plusieurs éléments offerts à sa curiosité et à son goût pour la nouveauté, l'homme québécois est sculpteur et maçon, orfèvre et forgeron, peintre ou ébéniste. Artiste et artisan, il est homme d'art et de métier, homme d'observation et d'imagination.

Cet homme nouveau d'un monde nouveau crée depuis plus de trois cents ans déjà, son art de vivre particulier. Plus de trois siècles d'une évolution qui porte la marque constante de l'essentielle qualité artistique: l'authencité, celle fidèlement conservée envers sa façon de percevoir le monde et d'y vivre dans l'excellence.

Le Québécois d'aujourd'hui exerce encore et toujours son aptitude à toucher la matière de son art et tout indique que nous sommes aussi riches d'oeuvres qui s'accompliront demain que de nos trésors actuels d'art moderne et ancien. Poussant fièrement sa pointe d'originalité sur la toile de fond des traditions comme dans le tissu serré des cultures contemporaines, l'artiste et l'artisan du Québec marquent, dans la sobriété ou par la magie de l'excès, notre différence de même que notre constante participation à l'humanisme universel.

Denis Vaugeois
ministre des Affaires culturelles

Introduction

La parution du présent ouvrage se situe dans une politique de diffusion de la culture à la réalisation de laquelle le Musée du Québec consacre des efforts soutenus. Depuis quelques années, les Québécois ont pris conscience de l'importance de leur patrimoine et ont manifesté un intérêt grandissant pour le connaître et l'apprécier. Qu'il s'agisse des arts plastiques et de l'orfèvrerie, ou encore de l'ethnologie, de l'architecture, de l'archéologie et des différents aspects du folklore, des institutions nombreuses et diverses ont entrepris des travaux d'inventaire et de recherche visant à faire un tour d'horizon de cet ensemble considérable. L'étude approfondie des œuvres et de leur histoire reste à faire, quoique déjà quelques chercheurs aient publié des analyses plus détaillées portant soit sur des artistes, soit sur des œuvres ou sur des périodes de notre histoire de l'art.

Les collections du Musée du Québec réunissent un grand nombre d'œuvres qui constituent le noyau du patrimoine dans les domaines artistique et ethnologique. Certains éléments des collections ont fait l'objet d'études particulières à l'occasion de la préparation de catalogues d'expositions et un effort systématique d'analyse à la fois plus globale et plus poussée a été entrepris. Dans un premier temps, le Musée présente ici un choix d'images suscitant des impressions fidèles aux valeurs dominantes de la sensibilité caractéristique de l'art québécois. Une brève description des collections permet de se faire une idée générale de leur contenu.

Les activités du Musée ne se limitent pas à la seule conservation des œuvres, mais c'est la mise en valeur des collections qui constitue la raison d'être de l'institution et inspire la démarche des services qui la composent: Bibliothèque, Expositions itinérantes, Services éducatifs, Service de la photographie, Archives des collections, etc. Dans ces domaines, le Musée du Québec a adopté une politique de développement qui a pour but de lui fournir les outils indispensables à l'accomplissement de son rôle premier: faire rayonner la culture artistique québécoise.

D'importants projets d'agrandissement se réaliseront au cours des prochaines années, en vue de pourvoir l'institution de vastes espaces d'expositions et d'un ensemble de moyens techniques des plus modernes. Ce Musée deviendra un lieu d'élection où la créativité dont témoigne la richesse de notre patrimoine pourra non seulement se signifier pleinement, mais encore vivre de son dynamisme propre et s'épanouir dans toutes ses virtualités.

Laurent Bouchard
directeur du Musée du Québec

«On devrait prendre des mesures pour construire, sur la partie la plus élevée de l'avenue Laurier, un musée national qui aurait pour mission de montrer comment l'histoire du Canada s'est développée à partir de celle de Québec.»

(Traduction d'une recommandation signée par F. Langelier, E. Taché, William Wood, *First Report of the Quebec Landmark Commission, Quebec, 1907.*)

Historique

Le 29 décembre 1922, le Gouvernement posait un geste d'importance en sanctionnant la «Loi des musées de la Province». Quand le Musée du Québec ouvrit ses portes en 1933, il comportait des collections de sciences naturelles, d'art et d'histoire, ainsi que les archives publiques — qui allaient par la suite devenir un service autonome. Dans l'esprit de ses fondateurs, le Musée devait être essentiellement voué à la connaissance et à la conservation de la culture québécoise.

Assez tôt, l'institution précisa son orientation première en mettant l'accent sur le domaine artistique, particulièrement par la création de «l'Inventaire des oeuvres d'art» en 1937. Le conservateur Gérard Morisset, historien de notoriété, entreprenait ainsi l'immense tâche de répertorier le patrimoine artistique québécois, tout en veillant à développer les collections du Musée par l'acquisition d'oeuvres marquantes — ou du moins représentatives — de l'évolution des arts au Canada français depuis les origines.

À compter de 1940, le rayonnement du Musée grandit, l'éventail de ses activités s'étend; il affermit ses politiques de diffusion et, par son action, participe intensément à la vie culturelle de la collectivité. Ainsi, le Musée du Québec entend assumer pleinement les tâches de la double vocation surgie de son histoire: conserver et mettre en valeur le patrimoine légué par le passé, saisir les temps forts du présent qui se fait pour leur assurer durée et permanence.

Les directeurs du Musée du Québec

Pierre-Georges Roy	**1933-1941**
Paul Rainville	**1941-1952**
Antoine Roy directeur par intérim	**1952-1953**
Gérard Morisset	**1953-1965**
Guy Viau	**1965-1967**
Jean Soucy	**1967-1973**
André Juneau directeur par intérim	**1973-1976**
Laurent Bouchard	**depuis 1976**

L'édifice

Au coeur de Québec, le Parc des Champs de Bataille forme une enceinte préservée; c'est dans ce haut lieu historique que fut scellé le sort de la Nouvelle-France en 1759. Immense jardin dominant le fleuve Saint-Laurent, le parc étend ses allées sinueuses jusqu'aux murs de la vieille cité. C'est dans ce site naturel, parsemé de fleurs et d'arbres, que se dresse l'édifice du Musée du Québec.

L'imposant édifice en pierre a été conçu selon les canons de l'architecture néo-classique. De forme rectangulaire, il se compose d'un avant-corps central et de deux ailes latérales.

L'ordonnance générale est symétrique; les pilastres s'élèvent sur deux étages au-dessus du rez-de-chaussée, jusqu'à l'entablement. Un portique orné de colonnes à chapiteaux ioniques et couronné d'un fronton domine le vaste escalier menant à l'entrée principale au premier étage. Apparenté à des monuments néo-paladiens construits au XVIIIe et XIXe siècles, le Musée est l'oeuvre de l'architecte Wilfrid Lacroix, qui termina les plans en 1927. Des travaux importants de décoration intérieure ont été exécutés par le sculpteur J.-Émile Brunet (1899-1977) et intégrés à l'ensemble selon le rythme et la disposition propres à ce style. Les quatorze bas-reliefs fondus en aluminium qui ornent la façade illustrent, soit des thèmes de l'histoire québécoise, soit des scènes ayant trait à l'exploitation des richesses naturelles. Les sujets des bas-reliefs de la grande porte sont inspirés de la faune canadienne. Au centre du fronton triangulaire en granit, on voit les armoiries du Québec et, de part et d'autre, des personnages: Champlain, le fondateur de la Nouvelle-France, et les Indiens, les premiers habitants du pays. Des noms de personnages historiques sont gravés sur les trente-six blasons qui ceinturent la bâtisse. En 1964, on inaugurait une annexe construite à l'arrière de l'édifice.

La grande façade.

Les dons

Le développement des collections bénéficie de la générosité de nombreux bienfaiteurs. L'un des plus célèbres dons de l'histoire du Musée a été fait par la succession de l'honorable Maurice Duplessis. La prestigieuse collection de cet ancien Premier ministre du Québec comportait plusieurs toiles de Cornélius Krieghoff et des tableaux de maîtres européens, tels Louis-Eugène Boudin, Camille Corot, Auguste Renoir, William Turner et David Teniers le Jeune.

À l'apport des collectionneurs s'ajoutent des dons ou des legs consentis par des artistes ou leurs familles. Le Musée s'est ainsi enrichi d'œuvres de Napoléon Bourassa, de John Lyman, de Herbert Raine et de Sylvia Daoust.

Joseph Mallord William Turner (1775-1851).
Paysage dans l'île de Wight, près de Northcourt.
Vers 1830.
Huile sur toile. (H. 0,451; L. 0,613). Don de la succession de l'honorable Maurice Duplessis, 1959.

L'art ancien

Les œuvres appartenant à l'art ancien forment une partie substantielle des collections, car ce secteur couvre un vaste champ: près de trois siècles d'une abondante production artistique.

Le Musée du Québec est le seul au Canada à présenter un tableau aussi complet, aussi diversifié et d'aussi grande qualité pour la période recouvrant l'ensemble des XVIIe, XVIIIe et XIXe siècles au pays. Cette situation prestigieuse tient au fait qu'il possède plusieurs chefs-d'œuvre de ces époques. De plus, les artistes les moins connus côtoient les plus célèbres. Il est ainsi possible d'illustrer les différents mouvements qui se sont succédés dans l'art québécois, d'en montrer les directions.

Certes, le développement de l'art québécois est intimement lié aux grands mouvements artistiques de l'Europe. Il s'en dégage toutefois des orientations et des significations originales.

L'artiste québécois privilégia des techniques et des sujets. En peinture, le portrait connut un essor considérable. Ces œuvres représentent les membres les plus considérés de la société civile, militaire et religieuse; elles nous renvoient l'image de cette société et de l'art dans lequel elle s'est reconnue. Le tableau religieux devait soutenir la foi et édifier les fidèles. Les œuvres à sujet historique illustrent les grandes heures et consacrent les institutions. On commanda beaucoup et les peintres officiels se nomment entre autres: Claude François — Frère Luc — (1614-1685), François Beaucourt (1740-1794), Louis Dulongpré (1754-1843), François Baillairgé (1759-1830), Antoine Plamondon (1804-1895), Théophile Hamel (1817-1870). Certains artistes sans formation académique, comme Jean-Baptiste Roy-Audy (1778 - vers 1848), firent une brillante carrière.

Dès le XVIIe siècle, la sculpture se développa de façon remarquable. Principalement exécutées en bois, les œuvres ornaient les églises. Leur importance et leur qualité s'expliquent par la place prépondérante de l'Église dans la société. Le pays fut longtemps un véritable chantier où se succédèrent les plus habiles sculpteurs: les Levasseur, les Baillairgé, les Berlinguet: pères et fils, Louis Quévillon et ses élèves, Philippe Liébert (vers 1732-1804), Louis Jobin (1845-1928), etc.

Les mêmes facteurs influencèrent l'orfèvrerie. Les vases sacrés, l'argenterie de table sont d'une grande richesse. Paul Lambert dit Saint-Paul (vers 1691-1749), Ignace-François Delezenne (vers 1717-1790), François Ranvoyzé (1739-1819), Pierre Huguet dit Latour (1749-1817), Laurent Amiot (1764-1839), Salomon Marion (1782-1830) fabriquèrent de très belles pièces.

C'est le XIXe siècle qui constitue l'âge d'or de l'art québécois. Les orientations que nous avons indiquées atteignent leur plein épanouissement en même temps qu'apparaissent des courants et des intérêts nouveaux. L'art commence à prendre ses distances face à une société dont il avait jusque-là réfléchi l'image et l'artiste fait davantage appel à son imagination. L'arrivée de plusieurs artistes étrangers et la puissance du mouvement romantique favorisèrent l'apparition de sujets tels que les scènes de la vie paysanne, la nature morte et le paysage, domaines dans lesquels excellèrent en particulier Cornélius Krieghoff (1815-1872), Joseph Légaré (1795-1855), Allan Edson (1846-1888), Napoléon Bourassa (1827-1916).

Depuis le milieu du XIXe siècle et jusque dans les premières décades du XXe, les sujets reliés à l'histoire du pays ont une grande vogue, tant en peinture qu'en sculpture. Parmi les peintres qui s'adonnèrent avec succès à ce genre, citons Charles Huot (1855-1930) et le fin paysagiste Marc-Aurèle de Foy Suzor-Coté (1869-1937). Chez les sculpteurs, Alfred Laliberté (1878-1953) et Jean-Baptiste Côté (1832-1907) figurent au nombre des plus connus.

Claude François (Frère Luc) (1614-1685).
L'archange Raphaël guidant Tobie. Vers 1670.
Huile sur toile. (H. 2,48 ; L. 1,595).
Ancienne église de L'Ange-Gardien, Montmorency.

École de Saint-Joachim.
Tabernacle et reconstitution partielle du retable de
l'ancienne église de L'Ange-Gardien, Montmorency.
Vers 1700.
Bois doré et peint en blanc. Tabernacle (H. 2,86 ;
L., 2,74).

Anonyme.
Vierge à l'Enfant. Début du XVIIIe siècle.
Bois doré. (H. 0,791).

Anonyme.
Enfant Jésus au globe. Milieu du XVIIIe siècle.
Bois polychrome. (H. 0,47).

Pierre-Noël Levasseur (1690-1770).
Le Père éternel. Vers 1768.
Bois polychrome. (H. 1,321). Ancienne église
de Saint-Vallier, Bellechasse.

François Beaucourt (1740-1794).
*Portrait de Madame Eustache-Ignace Trottier
dit Desrivières. 1793.*
Huile sur toile. (H. 0,795 ; L. 0,638).

Louis Dulongpré (1754-1843).
Portrait de François Malhiot. Vers 1806.
Huile sur toile. (H. 0,664 ; L. 0,533).

François Baillairgé (1759-1830).
Saint Paul. 1816-1817.
Bois doré et peint en blanc. (H. 1,924 ; L. 1,168).
Ancienne église de la Baie-Saint-Paul, Charlevoix.

Jean-Baptiste Roy-Audy (1778 - vers 1848).
Saint Joseph et l'Enfant Jésus. 1820.
Huile sur toile (H. 0,825 ; L. 0,645).

Antoine Plamondon (1804-1895).
Portrait de Madame Joseph Laurin. 1839.
Huile sur toile. (H. 0,846 ; L. 0,713).

Joseph Légaré (1795-1855).
Paysage au monument Wolfe. Vers 1840.
Huile sur toile. (H. 1,313 ; L. 1,746).

Louis-Thomas Berlinguet (1790-1863).
Saint Remi, évêque de Reims. Vers 1847.
Bois polychrome. (H. 1,39). Église de
Saint-Rémi, Napierreville.

Théophile Hamel (1817-1870).
Autoportrait. Vers 1849.
Huile sur toile. (H. 0,535 ; L. 0,416). Don de
Madame Gustave Hamel, 1934.

Cornélius Krieghoff (1815-1872).
Campement indien à la rivière Sainte-Anne. 1854.
Huile sur toile. (H. 0,31 ; L. 0,468). Don de la
succession de l'honorable Maurice Duplessis,
1959.

Théophile Hamel (1817-1870).
Noémie, Eugénie, Antoinette et Séphora Hamel,
nièces de l'artiste. Vers 1854.
Huile sur toile. (H. 0,74 ; L. 0,968).

Allan Edson (1846-1888).
Automne sur la rivière Yamaska, rang Sutton.
1872.
Huile sur toile. (H. 0,756 ; L. 1,219).

Jean-Baptiste Côté (1832-1907).
La Résurrection. Non daté.
Bois polychrome. (H. 0,74 ; L. 0,60).

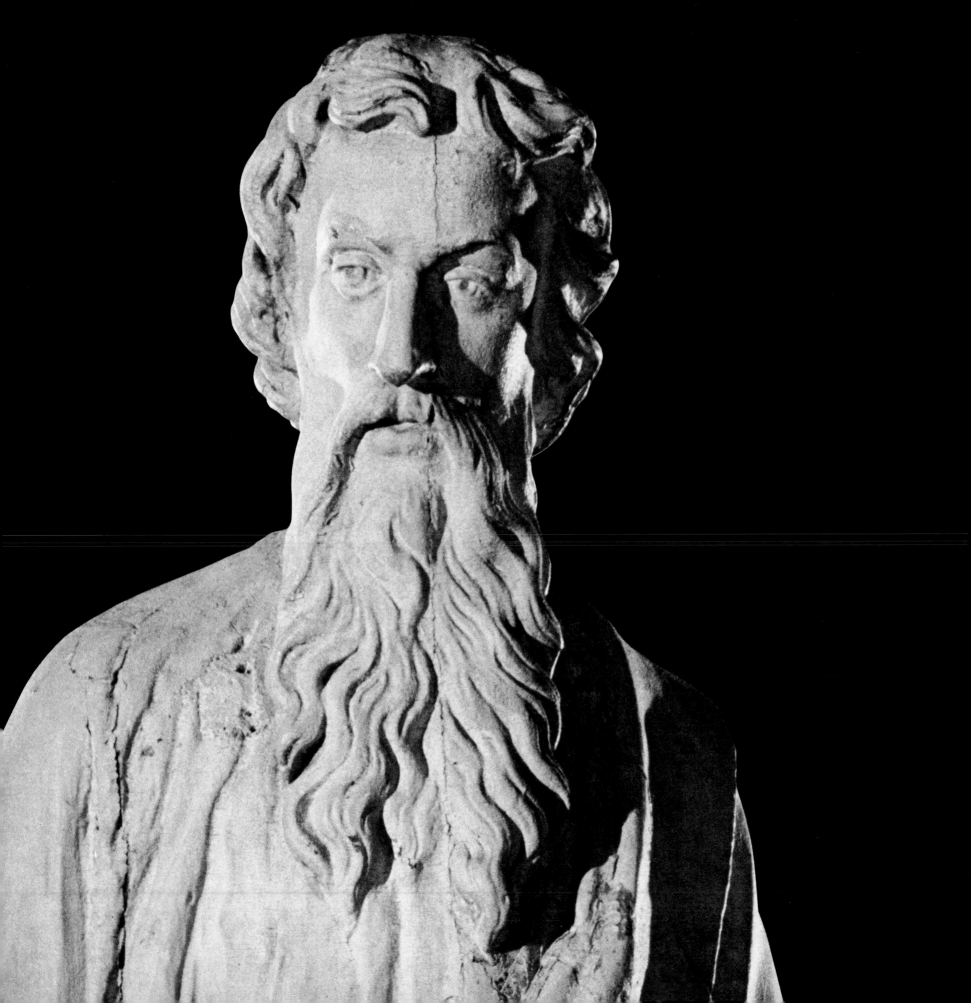

Louis Jobin (1845-1928).
Saint Mathieu. Vers 1880.
Bois peint en gris. (H. 2,34). Cimetière de Montmagny.

Attribué à Henri Angers (1870-1963).
Ange à la trompette. Vers 1918.
Bois peint en gris. (H. 2,02).

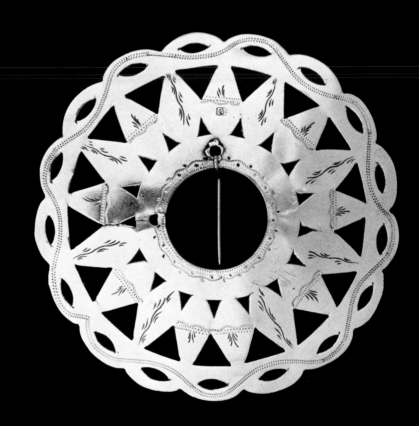

Pierre Huguet dit Latour (1749-1817).
Couette. Non daté.
Argent. (D. 0,097).
Fabriqués par des orfèvres du pays, ces bijoux
servaient de monnaie d'échange avec les Indiens
pour la traite des fourrures.

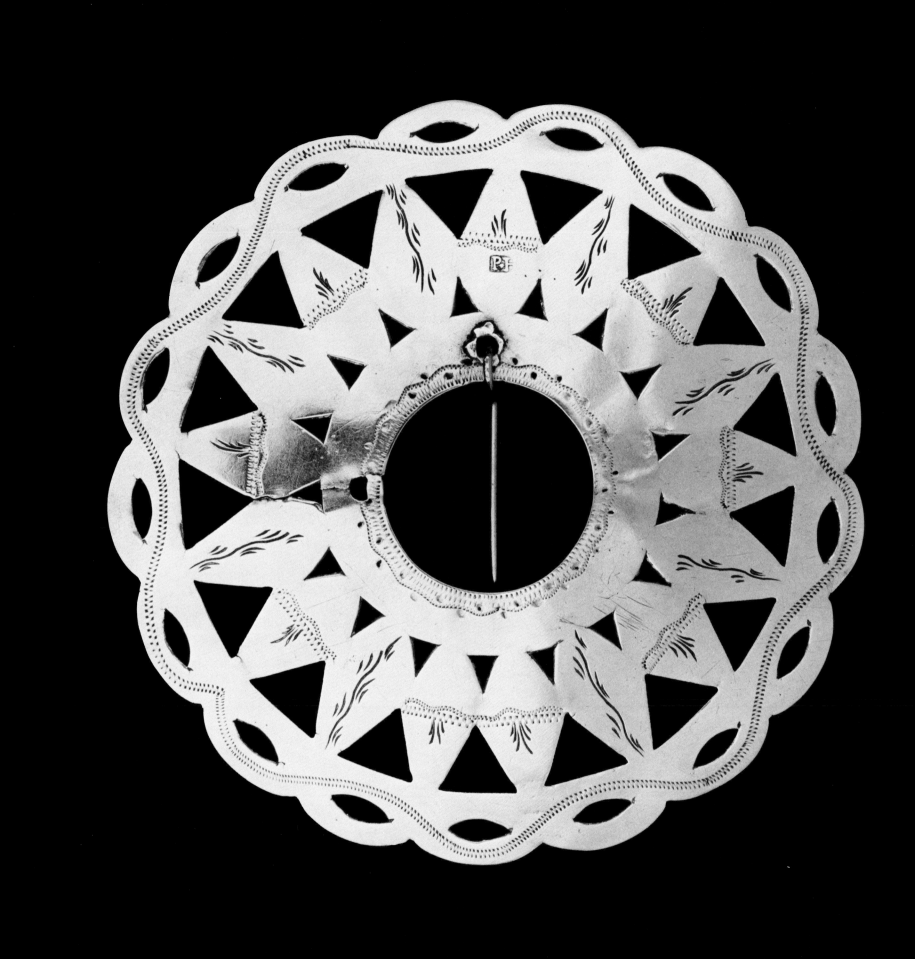

Ignace-François Delezenne (vers 1717-1790).
Ciboire. Vers 1769.
Argent. (H. 0,28).

Jean-François Landron (1686 - avant 1762).
Ostensoir. Vers 1730.
Argent. (H. 0,385).

Laurent Amiot (1764-1839).
Calice. Non daté.
Argent. (H. 0,314).

Laurent Amiot (1764-1839).
Chandeliers. Non datés.
Argent. (H. 0,35).

Paul Lambert dit Saint-Paul (vers 1691-1749).
Écuelle. Non daté.
Argent. (L. 0,35).

Michel Delapierre (Paris, M^e-1737 cité 1785).
Plat. 1749-1750.
Argent. (L. 0,281 ; l. 0,278).

L'art moderne

Du début du XXᵉ siècle aux environs de 1940, l'art québécois connaîtra des tendances diversifiées. Alors que beaucoup d'artistes s'en tiennent à un académisme de bon aloi inspiré par l'École de Paris, d'autres s'expriment avec plus de force et tentent d'imposer une sensibilité et une vision nouvelles. Le Groupe des Sept, qui tenait ses assises à Toronto et dont les membres entendaient «peindre canadien», joua un rôle important au Canada à l'époque de la Première Guerre mondiale et son influence fut également ressentie par quelques artistes québécois. D'autre part, dans cette période de transition qui couvre à peu près le premier tiers du XXᵉ siècle, le portrait et le paysage sont révélateurs des préoccupations profondes de certains peintres qui rejettent le formalisme du milieu dans lequel ils évoluent. Déjà inscrite dans l'œuvre de Marc-Aurèle Fortin (1888-1970), cette volonté s'exprimera enfin librement avec Alfred Pellan (1906) et triomphera avec Paul-Émile Borduas (1905-1960).

Charles Huot (1855-1930).
Le Ciel. 1887-1890.
Huile sur carton. (H. 0,502; L. 0,675).
Esquisse pour la décoration de la voûte de l'église de Saint-Sauveur, Québec.

Ozias Leduc (1864-1955).
La liseuse. 1894.
Huile sur toile. (H. 0,296 ; L. 0,255).

Maurice Cullen (1866-1934).
Poudrerie rue Craig à Montréal. 1912.
Huile sur toile. (H. 0,762 ; L. 1,018).

Clarence Gagnon (1881-1942).
Village laurentien. 1915.
Huile sur toile. (H. 0,729 ; L. 0,921).

William Brymner (1855-1925).
Jeune fille au chapeau bleu. 1916.
Huile sur toile. (H. 0,738 ; L. 0,56).

Marc-Aurèle de Foy Suzor-Coté (1869-1937).
Le dégel sur la rivière Nicolet. 1925.
Huile sur toile. (H. 1,025 ; L. 1,383).

Rodolphe Duguay (1891-1973).
La ferme de François Roy, Nicolet. 1927.
Huile sur toile. (H. 0,61 ; L. 0,715).

Adrien Hébert (1890-1967).
Rue Saint-Denis, Montréal. 1927.
Huile sur toile. (H. 1,908 ; L. 1,382).

Horatio Walker (1858-1938).
Noce canadienne. 1930.
Huile sur toile. (H. 0,914 ; L. 1,218).

S206

Alfred Laliberté (1878-1953).
La Corriveau. Non daté.
Bronze. (H. 0,61).

Marc-Aurèle Fortin (1888-1970).
L'orme à Pont-Viau. 1935.
Huile sur toile. (H. 1,358 ; L. 1,664).

Le Cabinet
des dessins et
des estampes

Le Cabinet des dessins et des estampes est sans doute l'un des fonds privilégiés du Musée. Son importance est d'autant plus réelle qu'il complète en quelque sorte chacune des grandes collections en y ajoutant des éléments très particuliers tant sur le plan artistique qu'au point de vue documentaire. Certaines esquisses, largement tracées, ont gardé intacte la fraîcheur de la première vision de l'artiste au moment de la conception d'un tableau; savant, épuré ou à peine ébauché, le dessin crée entre l'artiste et le contemplateur un sentiment d'intimité qui facilite dans bien des cas la compréhension de l'ensemble de l'œuvre.

Parmi les documents qu'il réunit, le Cabinet des dessins et des estampes possède d'admirables aquarelles exécutées par des officiers anglais en garnison à Québec après les guerres de la Conquête de 1759.

Au XIXe siècle, l'estampe connaît un essor considérable au Québec. Plusieurs artistes font reproduire en Europe des œuvres originales sous forme de gravures, souvent rehaussées de couleurs; ces gravures sont largement diffusées au pays et à l'étranger. William Henry Bartlett (1809-1854), entre autres, remporte beaucoup de succès avec ses «Scènes canadiennes».

Plus près de nous, des dessinateurs tels Henri Julien (1852-1908) et Edmond-J. Massicotte (1875-1929) illustrèrent avec brio nos légendes et nos coutumes. Les artistes québécois contemporains utilisent toutes les techniques de l'estampe et plusieurs d'entre eux ont d'ailleurs une réputation internationale.

François Baillairgé (1759-1830).
Étude de drapé. Vers 1780.
Sanguine. (H. 0,460 ; L. 0,305).

James Patterson Cockburn (1779-1847).
Le Cap Diamant vu de Spencer Wood. 1830.
Lavis brun. (H. 0,154 ; L. 0,226).

William Henry Bartlett (1809-1854).
Les Marches Naturelles. 1838.
Lavis sépia. (H. 0,125 ; L. 0,182).

Napoléon Bourassa (1827-1916).
Tête de jeune fille. Non daté.
(H. 0,386 ; L. 0,283). Don de la succession
Napoléon Bourassa, 1942.

Henri Julien (1852-1908).
La chasse-galerie. Vers 1906.
Lavis. (H. 0,304 ; L. 0,475).

Edmond-J. Massicotte (1875-1929).
Le Mardi gras. Vers 1911.
Lavis d'encre. (H. 0,413 ; L. 0,592).

ENREGISTRÉE

Charles Huot (1855-1930).
La maison Gosselin, Saint-Pierre de l'île d'Orléans.
Non daté.
Fusain et craie blanche. (H. 0,254 ; L. 0,375).

Chs. Huet

Maison Lafrebrère St. Pierre, I. O.

René Richard (1895).
Paysage. 1938.
Fusain. (H. 0,526 ; L. 0,604).

Herbert Raine (1875-1951).
Saint-Joachim. Non daté.
Mine de plomb. (H. 0,190 ; L. 0,208). Don de
l'artiste, 1950.

(15)　S¹ .... P. Q.　　　P. 726 - 130　　　　　　　　　　　.....

L'art contemporain

Les œuvres contemporaines sont les témoins qui raconteront aux générations futures ce que nous avons été. Elles sont par définition représentatives d'un art qui se fait et, à ce titre, font partie du patrimoine culturel d'un pays.

C'est au cours de la décennie 1940-1950 que l'art québécois subira le choc de la contemporanéité et s'établira définitivement dans des orientations nouvelles. La rentrée de Paris d'Alfred Pellan et les activités du groupe des Automatistes avec Paul-Émile Borduas marqueront le développement d'une liberté créatrice qui s'opposera à l'académisme régnant. C'est, en peinture, l'éclatement de la couleur et de la forme et l'apparition du non-figuratif, phénomènes qui influenceront également la sculpture et les autres mediums. Aux scandales que produisent les expositions de cette nouvelle forme d'art s'ajoutent des manifestes comme «Prisme d'Yeux» et le célèbre «Refus global» des Automatistes. Ce texte constituait une revendication de la liberté de l'artiste et une mise en question de l'ensemble de la société.

De l'effervescence de cette première période, il résultera une pluralité de styles et de tendances qui caractérisera la décennie suivante. En 1955, on fonde à Québec la Société des arts plastiques pour répondre au besoin de solidarité des artistes et favoriser leur implication sociale. La même année, le groupe des Plasticiens publie un manifeste qui oppose la rigueur plastique à la liberté impulsive des Automatistes. En 1956, Fernand Leduc et un groupe de peintres d'allégeances diverses, fondent l'Association des artistes non-figuratifs de Montréal. À cette époque, New York succédera à Paris comme pôle d'attraction des artistes québécois.

Depuis 1960, le pluralisme a évolué en relation avec la croissance de l'information. La multiplication des revues d'art favorise la diffusion d'idées nouvelles. Grâce aux facilités de déplacement, les artistes peuvent entrer en contact avec l'art de différents milieux sur la scène internationale. Les multiples mouvements de l'art québécois actuel manifestent sa vitalité.

Outre la peinture et la sculpture, la collection d'art contemporain rassemble des œuvres appartenant aux domaines de la tapisserie, de la gravure, de l'émail et de la céramique.

Jean Dallaire (1916-1965).
La vieille demoiselle. 1945.
Gouache sur papier. (H. 0,640 ; L. 0,488).

Alfred Pellan (1906).
Citrons ultra-violets. 1947.
Huile sur toile. (H. 2,080 ; L. 1,673).

Jean-Paul Riopelle (1923).
Abstraction. 1954.
Huile sur toile. (H. 1,297 ; L. 1,619).

Armand Vaillancourt (1932).
L'arbre de la rue Durocher. 1954-1955.
Bois d'orme. (H. 5,762).

Paul-Émile Borduas (1905-1960).
Quarante figures. 1957.
Huile sur toile. (H. 0,787 ; L. 0,976).

Robert Roussil (1925).
Marianne. 1960.
Bois de cyprès. (H. 2,222).

Jean Paul Lemieux (1904).
La ville enneigée. 1963.
Huile sur toile. (H. 0,878 ; L. 1,422).

Albert Dumouchel (1916-1971).
La chasse aux outardes. 1965.
Lithographie. (H. 0,762 ; L. 0,564).

la chasse aux Outardes 7/7 + A. Dumouchel 65

Guido Molinari (1933).
Mutation 1954. 1966.
Acrylique sur toile. (H. 1,727 ; L. 1,270).

Roland Giguère (1929).
La traversée du cerceau. 1970.
Sérigraphie. (H. 0,506 ; L. 0,332).

la traversée du cerceau   12/20   Roland Giguère '70

Marcelle Ferron (1924).
Sans titre. 1973.
Huile sur toile. (H. 1,524 ; L. 2,133).

Jordi Bonet (1932).
Homme. 1973.
Aluminium fondu. (H. 2,346 ; L. 0,885).

Jacques Hurtubise (1939).
Rosa Rouge. 1974.
Acrylique sur toile. (H. 1,225 ; L. 1,635).

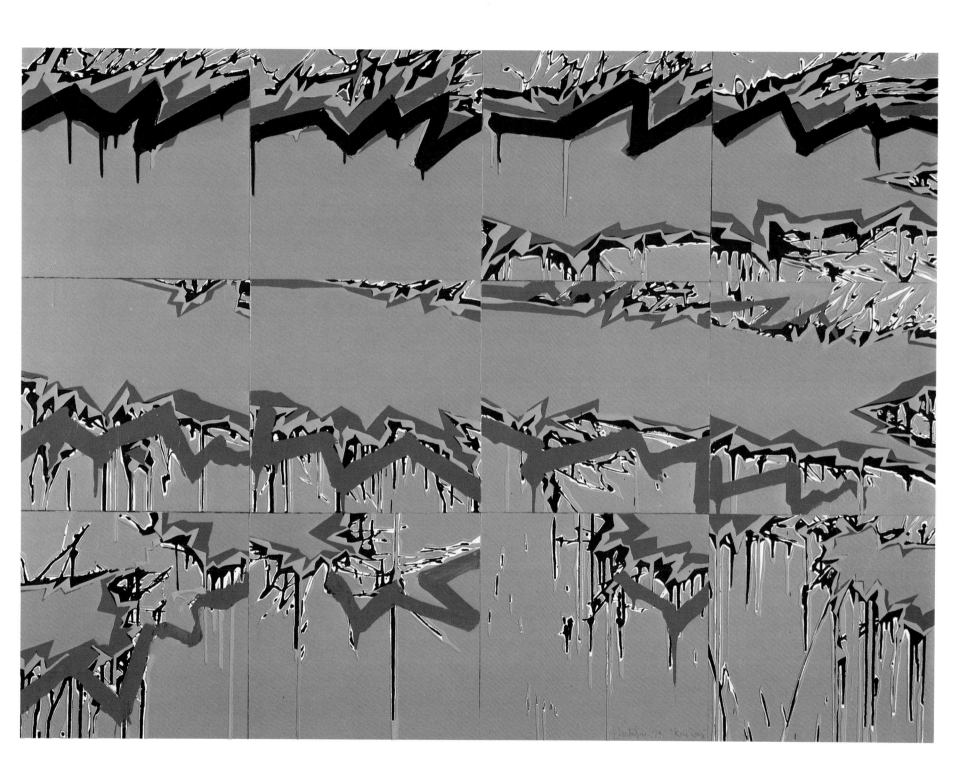

L'ethnologie

La collection de meubles québécois anciens comporte un grand nombre de pièces datant des XVIIe, XVIIIe et XIXe siècles. La structure, les proportions, l'ornementation confèrent à ces meubles de fabrication artisanale un style qui leur est propre malgré certaines influences évidentes. Par exemple, l'apport des styles régionaux français se manifeste par l'abondance des motifs décoratifs inspirés du style Louis XIII, comme le losange et la pointe de diamant. Vers le milieu du XVIIe siècle, les lignes courbes du Louis XV inspireront les panneaux chantournés de certains meubles dont la structure rigide demeure apparentée au Louis XIII.

Deux grands événements historiques — la conquête du Canada par les forces anglaises en 1759 et, quelques années plus tard, la lutte pour l'indépendance chez nos voisins d'Amérique — auront des conséquences sur les styles en place. Avec l'immigration massive des Loyalistes au pays, les influences anglo-américaines s'exerceront, créant des mélanges pittoresques à la fin du XVIIIe et au cours du XIXe siècle. Le mobilier de l'époque victorienne est également représenté dans la collection. Plusieurs ensembles sont attribués à des «meubliers» établis à Québec pendant la seconde moitié du XIXe siècle, tels William Drum et J.-O. Vallière.

Dans le domaine de l'ethnologie, on trouve encore des étains et de beaux exemples de verre canadien, ainsi que d'intéressantes céramiques québécoises, anglaises et françaises.

Une vaste collection d'outils, d'instruments et d'appareils de toutes sortes ayant trait au travail du bois, de la pierre, du fer, du cuir et à la fabrication des textiles nous permet de connaître les méthodes des artisans en usage autrefois.

Des textiles illustrant les anciennes techniques d'exécution rassemblent, entre autres, des courtepointes d'une qualité exceptionnelle.

La section d'art populaire réunit quantité de pièces sculptées ou peintes; parmi les plus beaux spécimens, mentionnons une collection unique de girouettes, coqs en fer-blanc ou en bois, qui surmontaient jadis le clocher des églises. Des jouets anciens sont également conservés. Une collection d'armes à feu, dont quelques-unes très rares, a aussi été constituée.

Fauteuil. XVIIe siècle.
Merisier assemblé à tenons et mortaises.
D'esprit Louis XIII avec dossier à panneaux et balustres. (H. 1,17 ; L. 0,65 ; P. 0,52). Région de Québec.

Grande table d'apothicairerie. Fin XVIIᵉ siècle.
Merisier teint en rouge.
Piètement à torsade d'esprit Louis XIII.
Pieds en oignons et dés de raccordement.
Cinq flambeaux d'entrejambe dont un ajouré.
(H. 0,893 ; L. 2,907 ; P, 0,842).
Hôtel-Dieu de Montréal.

Buffet à deux corps. XVIIIᵉ siècle.
Pin. D'esprit Louis XIII, à pointes de diamant.
(H. 2,05 ; L. 1,54 ; P. 0,65). Provenance inconnue.

Armoire haute. XVIIIe siècle.
Pin. De facture artisanale, avec une influence régionale française: la galette bretonne. (H. 1,96 ; L. 1,56 ; P. 0,56). Beaumont, Bellechasse.

Armoire haute. XVIIIᵉ siècle.
**Pin. Mouluration de transition fin Louis XIII à
fin Louis XIV, et influences régionales françaises
(Jura et Franche-Comté). (H. 2,25 ; L. 1,32 ;
P. 0,55). Verchères, Verchères.**

Rouet vertical. XVIIIe siècle.
Merisier teint en rouge. Fabrication artisanale,
connu sous le nom de «rouet irlandais». (H. 1,52 ;
D. 0,57). Provenance inconnue.

Coq de clocher. XVIIIe siècle.
**Tôle découpée et martelée, autrefois dorée.
(H. 0,52 ; L. 0,61). Église de Lachenaie,
Terrebonne.**

Buffet d'encoignure. XVIIIᵉ siècle.
Pin. De facture domestique, avec des emprunts
aux styles Chippendale et Adam. (H. 2,32 ;
L. 1,35). Château-Richer, Montmorency 1.

Banc-lit. *XIX*ᵉ *siècle.*
Pin. Style Fin Empire, au dossier ajouré et
chantourné, orné d'oreilles. (H. 1,02 ; L. 1,90 ;
P. 0,51). Lanoraie, L'Assomption.

Cheval jouet. XIXe siècle.
Pin et crin. Fabrication domestique. (H. 0,63 ;
L. 0,63). Batiscan, Champlain.

Marque à beurre. XIXe siècle.
Pin. Fabrication artinasale, à motifs sculptés.
(D. 0,11). Provenance inconnue.

Lanterne. XIX⁰ siècle.
Tôle. Fabrication artisanale, à motifs perforés en
rosaces. (H. 0,42 ; D. 0,16). Provenance
inconnue.

Pot à eau. 1884.
Céramique de Cap-Rouge. Glaçure deux tons,
majenta et crème ornée d'une dorure à la Second
Empire. (H. 0,21 ; D. 0,13). Cap-Rouge, Québec.

Courtepointe. XIX *siècle.*
Coton. À grand appliqué dont la symétrie «Tache d'encre» est caractéristique de l'art populaire. (L. 2,11 ; l. 2,01). Cantons de l'Est.